CosiCosa ist ein Verein, gegründet im Jahr 2018 von Cristina Valero, Laura Malinverni, Isabel Garcia und Marie-Monique Schaper. Ihr Ziel ist es, Bildungsprogramme, Aktivitäten und Lernerlebnisse anzubieten, die es Kindern ermöglichen, mithilfe neuer Technologien ihre Kreativität, Selbstständigkeit und sozialen Kompetenzen zu fördern. Sie sollen außerdem lernen, kritisch und reflektierend zu denken, um künftige ethische Herausforderungen zu bewältigen, die durch neue Technologien entstehen.

CosiCosa hat bereits mit Schulen, Bibliotheken und anderen Bildungseinrichtungen kooperiert, um Themen wie Ethik, Geschlechterdarstellung und Privatsphäre im Zusammenhang mit intelligenten Technologien und ihre Auswirkungen auf unsere Kompetenzen zu behandeln. Der Verein wurde von Mobile Week Gallery im Jahr 2018 ausgezeichnet, erhielt den COTEC Innovation Award 2018, den Preis für Bildungsinnovation 2019 und wurde durch Barcelona 2020 gefördert.

cosicosa.tech

Ana Seixas ist eine portugiesische Grafikdesignerin und Illustratorin. Sie studierte Design an der Universität Aveiro und an der Escuela Superior de Diseño BAU in Barcelona. Während dieser Zeit entdeckte sie die Welt der Illustration und setzte ihr Studium in dieser Disziplin an der EINA - University School of Design and Art - in Barcelona fort.

Auf die Frage, wie sie ihr Leben illustrieren würde, antwortete sie: Ein Zirkus voller Seiltänzer und Jongleure, die in einem kunterbunten Durcheinander ganz reibungslos zusammenspielen. Seit 2008 kombiniert Seixas Design- und Illustrationsaufträge für Zeitschriften, Werbekampagnen, Verpackungen und Bücher mit ihren eigenen Druck- und Keramikprojekten.

Zurzeit arbeitet sie in Porto, wo sie mit ihren beiden Katzen lebt.

anaseixas.com

Hallo Roboter!

Illustriert von Ana Seixas
Text von CosiCosa

Übersetzung aus dem Spanischen durch Eszter Kalmár
Schrift: Fairplex Narrow OT von Zuzana Licko, Neusa Next von Mariya V. Pigoulevskaya, Nexa Rust Sans von Fontfabric, Palmer Lake von Jen Wagner Co.

Druck: Schleunungdruck GmbH, Marktheidenfeld
Hergestellt in Deutschland

Erschienen bei Kleine Gestalten, Berlin 2022
ISBN 978-3-96704-734-9
Die englische Ausgabe ist unter der ISBN 978-3-96704-735-6 erhältlich

Die spanische Originalausgabe erschien unter dem Titel *Entre máquinas inteligentes* bei Editorial Flamboyant S. L.
www.editorialflamboyant.com

Weitere Informationen und Buchbestellungen unter www.kleine.gestalten.com.

Bibliografische Information der Deutschen Nationalbibliothek. Die Deutsche Nationalbibliothek verzeichnet diese Publikation in der Deutschen Nationalbibliografie; detaillierte bibliografische Daten sind im Internet über www.dnb.de abrufbar.

Dieses Buch wurde auf FSC®-zertifiziertem Papier gedruckt.

MIX
Papier aus verantwortungsvollen Quellen
FSC® C105039

HALLO ROBOTER!

SCHLAUE MASCHINEN UND KÜNSTLICHE INTELLIGENZ

COSICOSA · ANA SEIXAS

KLEINE GESTALTEN

INHALT

EIN BLICK IN DIE GESCHICHTE

UNS MENSCHEN
HAT SCHON IMMER DIE
VORSTELLUNG FASZINIERT,
INTELLIGENTE MASCHINEN
ZU ERSCHAFFEN.

War dieses Schiff
vielleicht der Vorläufer
des selbstfahrenden Autos?

In der griechischen Mythologie **segelte** das Schiff, mit dem Odysseus nach Ithaka zurückkehrte, völlig selbstständig – **allein durch die Kraft der Gedanken.**

280–220 V. CHR.

Philo von Byzanz erfand die **automatische Dienerin,** einen Automaten, der ein Glas füllt, wenn ihm dieses gereicht wird.

CIRCA 1200

Der Legende nach baute Albertus Magnus einen **eisernen Automaten,** der ihm als **Butler** diente und in der Lage war, zu gehen, die Tür zu öffnen und Besucher zu begrüßen.

1495

Leonardo da Vinci entwarf einen **Roboter-Ritter,** der verschiedene Bewegungen ausführen konnte, zum Beispiel sitzen, seine Arme, seinen Hals und seinen Mund bewegen. Es ist nicht bekannt, ob da Vinci versuchte, seine Erfindung zu bauen, aber Rekonstruktionen seiner Skizzen zeigen, dass der Ritter wohl voll funktionsfähig gewesen wäre.

1612

Der Ritterroman *Don Quijote* erzählt von der merkwürdigen Begegnung Quijotes mit einem **sprechenden Bronzekopf,** der ihm alle möglichen Fragen beantworten kann.

Ein sprechender Kopf, der immer die Antwort kennt – war diese Idee etwa der Wegbereiter für unsere heutigen Sprachassistenten?

1646

Die Legende besagt, dass der französische Philosoph René Descartes nach dem Tod seiner Tochter einen **Androiden** nach ihrem Abbild baute. Die mit dem Transport beauftragten Seeleute erschraken, als sie diesen sahen – und warfen ihn ins Meer.

1738

Jacques de Vaucanson erschuf eine mechanische Ente, die fressen, verdauen und sich selbst erleichtern konnte. Diese Ente gilt als **erstes Robotertier** der Geschichte.

1783

Wolfgang von Kempelen baute eine **Maschine, die einen Schachspieler simuliert.**

1920

In dem Theaterstück *R. U. R.* erzählt der Schriftsteller Karel Čapek die Geschichte eines Unternehmens, das **Roboter baut, um die Menschen zu entlasten.** Obwohl sie erschaffen wurden, um der Menschheit zu helfen, treten sie eine Rebellion los und vernichten die Menschen.

1942

In seiner Science-Fiction-Geschichte *Teufelskreis* formulierte Isaac Asimov die drei **Gesetze der Robotik:**

1. Gesetz: Ein Roboter darf weder einen Menschen verletzen noch durch Untätigkeit zulassen, dass ein Mensch verletzt wird.

2. Gesetz: Ein Roboter muss Befehlen von Menschen gehorchen, es sei denn, die Befehle stehen im Widerspruch zum ersten Gesetz.

3. Gesetz: Ein Roboter muss seine Existenz schützen, solange dieser Schutz nicht dem ersten oder dem zweiten Gesetz widerspricht.

1947

2016

Die Künstlerin Pinar Yoldas entwickelt in ihrem Projekt *The Kitty AI* eine Welt im Jahr 2039, in der **eine künstliche Intelligenz** in Form eines Kätzchens zum **ersten nicht-menschlichen Weltherrscher** wird. Sie regiert den Planeten mithilfe eines Netzes aus künstlichen Intelligenzen, lebt in den mobilen Geräten der Bürger und kann bis zu drei Millionen Menschen auf einmal lieben.

Zumindest ließ er alle in dem Glauben, denn in Wirklichkeit befand sich im Inneren der Maschine ein erfahrener Spieler, der die Figuren bewegte.

Zwei Jahrhunderte später, im Jahr 1996, baute IBM den **Supercomputer Deep Blue,** dem es erstmals gelang, einen Schachweltmeister zu schlagen.

1817

In der Erzählung *Der Sandmann* von E. T. A. Hoffmann verliebt sich ein junger Student in Olimpia, ohne zu wissen, dass sie ein Automat ist. Die gleiche Idee tauchte im Film *Her* von Spike Jonze (2013) auf, in dem sich die Hauptfigur in die **weibliche Stimme seines Betriebssystems** verliebt.

1899

Der Schriftsteller Jules Verne beschrieb den **Phonotelephot,** ein System, das die Übertragung von Bildern durch empfindliche, mit Drähten verbundene Spiegel ermöglichen könnte.

In seiner Kurzgeschichte *Die perfekten Automaten* beschreibt der Schriftsteller Jack Williamson eine Welt, in der Roboter so effizient sind, dass den Menschen nichts anderes übrig bleibt, als ihnen tatenlos zuzusehen.

Diese Idee wird auch in Andrew Stantons Film *WALL·E* (2008) aufgegriffen, in dem **intelligente Technologien alle menschlichen Aufgaben übernehmen** und die Menschen nichts weiter zu tun haben, als auf Bildschirme zu starren.

ÜBRIGENS:

Dem Menschen nachempfundene, intelligente Maschinen in Filmen, Serien oder Büchern haben unsere Vorstellung von künstlicher Intelligenz entscheidend geprägt.

2015

In Joss Whedons *Avengers: Age of Ultron* kämpfen Superhelden gegen eine künstliche Intelligenz. Obwohl sie geschaffen wurde, um die Menschheit zu schützen, betrachtet sie **die Menschen als größte Bedrohung** für sich selbst und will diese auslöschen.

1999

Der Film *Der 200 Jahre Mann – Bicentennial Man* zeigt, wie **ein Roboter ein Bewusstsein erlangt** und sich dafür entscheidet, ein Mensch zu werden, mit all den Vor- und Nachteilen.

MASCHINEN, DIE ALS INTELLIGENT GELTEN, HABEN LÄNGST UNSEREN ALLTAG EROBERT.

SPRACH-
ASSISTENTEN
HALLO!
HALLO!
INTELLIGENTE
SICHERHEITSSYSTEME
PERSONALISIERTE
LERNPLATT-
FORMEN
SAUGROBOTER
KONTAKTLOSE GESUNDHEITS-
ÜBERWACHUNG
SMARTE SPIELE
KLEIDUNG AUS
INTELLIGENTEN FASERN
COMPUTERGESTÜTZTE
DIAGNOSTIK
SELBSTLERNENDE
EMPFEHLUNGSSYSTEME
AUGMENTED-REALITY-SPIELE

INTELLIGENTE MASCHINEN

Der Sinn künstlicher Intelligenz ist es, die gleichen Dinge zu tun, die der menschlicher Verstand erledigen kann. Das heißt: denken, planen, schlussfolgern, Dinge zueinander in Beziehung setzen oder Körperteilen befehlen, sich zu bewegen.

Kann ein intelligenter Fernseher all diese Dinge? Oder etwa ein intelligenter Staubsauger? Vielleicht nicht alle auf einmal, aber einige schon. Deshalb sagen wir, dass solche Geräte „intelligent" sind.

In diesem Buch werden wir viele Fragen zu intelligenten Maschinen stellen. Die erste lautet: Sind sie wirklich intelligent? Wir schauen, wie sie funktionieren, welche Auswirkungen sie auf unser Leben haben und welche ethischen Herausforderungen sie mit sich bringen.

Bist du bereit? Dann los!

Ada Lovelace, die erste Programmiererin der Welt, behauptete, dass **Maschinen nicht intelligent sein können, weil sie lediglich das tun, wozu sie programmiert sind.**

Würdest du nach dieser Logik einen Menschen für intelligent halten, der jeden Tag zur gleichen Zeit Geschirr spült oder staubsaugt? Wie sieht es bei einer Maschine aus?

Sind die Intelligenz einer Maschine und die eines Menschen vergleichbar?

Kann eine Maschine genauso intelligent sein wie ein Mensch?

Oder so intelligent wie ein Hund?

ÜBRIGENS:

Intelligente Technologien sind so programmiert, dass sie bestimmte Aufgaben erfüllen – aber sie können nicht alles!

WIE ERKENNT MAN INTELLIGENTE MASCHINEN?

Du bist nicht der erste Mensch, der sich das fragt. Schon im Jahr 1950 entwickelte der Mathematiker **Alan Turing** einen Test, um festzustellen, ob eine Maschine ebenso intelligent sein kann wie ein Mensch. Dabei wurden einem Computer und einem Menschen voneinander getrennt die gleichen Fragen gestellt. Wenn der Wissenschaftler bei der anschließenden Auswertung der Antworten nicht unterscheiden konnte, wer was geantwortet hatte, galt die Maschine als intelligent. Damit hatte sie den sogenannten **Turing-Test** bestanden.

Allerdings war Turings Ansatz nicht perfekt, wie der Philosoph **John Searle** bewies. Er entwickelte ein Gedankenexperiment namens **Chinesisches Zimmer,** um Turings Test zu widerlegen:

Stell dir vor, du baust eine Maschine, die chinesische Schriftzeichen lesen und schreiben kann. Dann führt sie den Turing-Test durch, das heißt eine Person stellt ihr Fragen auf Chinesisch und sie gibt daraufhin zusammenhängende Antworten. Folglich denkt die Person, dass die Maschine Chinesisch versteht – und besteht den Test. **Aber versteht sie wirklich Chinesisch?**

Stell dir nun vor, dass diese Maschine keine Maschine ist, sondern John Searle selbst, der so tut, als wäre er eine Maschine (oder sich in einer solchen versteckt!). Er kann kein Wort Chinesisch, aber er hat Handbücher, die ihm vorgeben, welche Regeln er zu befolgen hat („bei diesem Schriftzeichen antworte mit jenem Schriftzeichen …"). Dadurch wäre er in der Lage, jede beliebige Frage zu beantworten. Und das, ohne ein einziges Wort Chinesisch zu verstehen!

RATE: RICHTIG ODER FALSCH?

1 BEI EINEM EXPERIMENT DER UNIVERSITY OF LONDON WUSSTEN DIE TEILNEHMENDEN NICHT, DASS EINER DER STUDIERENDEN EIN ROBOTER WAR.

2 AN EINER SCHWEIZER UNIVERSITÄT LERNTEN ROBOTER, DIE AUF ZUSAMMENARBEIT PROGRAMMIERT WURDEN, MIT DER ZEIT, SICH GEGENSEITIG ZU BELÜGEN.

3 IN DEN USA WURDE EIN FLUGROBOTER ENTWICKELT, DER EINEM VOGEL SO ÄHNLICH SAH, DASS ER VON EINEM FALKEN ANGEGRIFFEN WURDE.

4

IM JEMEN-KRIEG MUSSTE EIN ROBOTER AUS DEM VERKEHR GEZOGEN WERDEN, WEIL ER SICH EINFACH SO ENTSCHLOSSEN HATTE, ZUM GEGNER ÜBERZULAUFEN.

LÖSUNG: 1) falsch; 2) richtig; 3) richtig; 4) falsch.

ZWEIFEL ÜBER ZWEIFEL

LERNFÄHIGE MASCHINEN

INTELLIGENTE SYSTEME, DIE **VORHERSAGEN ÜBER DIE GENESUNG UND BEHANDLUNG VON PATIENTEN** ERMÖGLICHEN.

Sie erhalten und analysieren Daten zur Diagnose und Behandlung von Patienten. Anhand dieser Daten suchen sie nach gemeinsamen Mustern und erstellen Prognosen über die Genesung anderer Patienten.

INTELLIGENTE ALGORITHMEN, DIE DIR **LIEDER ODER VIDEOS EMPFEHLEN,** DIE DIR GEFALLEN KÖNNTEN.

Sie analysieren die Daten, die das System über dich bereits hat (Käufe, Vorlieben, Geschmack usw.), suchen nach anderen Nutzern, die ähnliche Entscheidungen getroffen haben, und erstellen personalisierte Empfehlungen.

INTELLIGENTE GERÄTE, DIE **HAUSHALTSAUFGABEN** WIE FEGEN ODER PUTZEN SELBSTSTÄNDIG **ERLEDIGEN** KÖNNEN.

Sie nutzen Daten über die Umgebung (Hindernisse, Unebenheiten, Schmutz usw.), die sie von Sensoren erhalten. Mithilfe dieser Informationen passen sie ihr Verhalten an.

Heutzutage gilt eine Technologie als intelligent, wenn sie eine Aufgabe selbstständig ausführt - zum Beispiel Vorhersagen erstellen, Empfehlungen geben oder Entscheidungen treffen. Dafür werden Programme geschrieben, die es der Maschine ermöglichen, aus den empfangenen Daten zu lernen.

Und wie lernen sie? Sie analysieren eine möglichst große Menge an Daten, aus denen sie **wiederkehrende Muster herausfiltern.** Dies ermöglicht ihnen, Dinge zu erkennen, die gleich oder ähnlich sind.

SMARTPHONES, DIE **MENSCHLICHE GESICHTER ERKENNEN** KÖNNEN.

Sie erhalten eine riesige Anzahl von Bildern mit Gesichtern. Daraus erstellen sie Muster, die es ihnen ermöglichen, zu erkennen, was ein Gesicht ist und was nicht.

LERNEN MASCHINEN AUF DIE GLEICHE ART WIE WIR?

Hast du dich mal gefragt, wie Babys lernen, einen Hund zu erkennen?

Leider weiß man noch nicht wirklich, wie genau wir Menschen eigentlich lernen. Es gibt jedoch verschiedene Theorien dazu. Menschen, die künstliche Intelligenz entwickeln, nutzen diese Theorien, um selbstlernende Maschinen zu programmieren.

ABER DOCH, ICH BIN EIN HUND!

Stell dir eine Maschine vor, die darauf programmiert ist, Hunde allein auf Grundlage von Dalmatiner-Fotos zu erkennen. Sie könnte eine Bulldogge oder einen Husky nicht als Hund erkennen. Denn obwohl Dalmatiner Hunde sind, repräsentieren sie nicht alle Hunderassen.

Intelligente Maschinen müssen mit großen Mengen an Daten (Fakten, Zahlen, Bilder, Töne und vieles mehr) gefüttert werden, um daraus Modelle zu erstellen, mit denen sie erfolgreich Vorhersagen und Entscheidungen treffen können. Damit unsere Maschine beispielsweise lernen kann, Hunde zu erkennen, benötigt sie Bilder von Hunden aller Art und in großer Anzahl. Erst dann kann sie erkennen, welche Merkmale Hunde von anderen Tieren (oder von Gegenständen) unterscheiden.

WAS WÄRE, WENN …

… EIN AUSSERIRDISCHER AUF DIE ERDE KÄME UND NUR KINDERN BEGEGNETE?

… EIN SYSTEM ZUR GESICHTSERKENNUNG NUR BILDER VON BLONDEN MENSCHEN ERHIELTE?

… EIN SYSTEM ENTSCHEIDEN WÜRDE, OB EINE LEHRKRAFT GUT ODER SCHLECHT IST – ALLEIN ANHAND DER ZENSUREN IHRER SCHÜLER?

RATE: RICHTIG ODER FALSCH?

1 IM JAHR 2017 MUSSTE EIN GROSSES UNTERNEHMEN DIE BEWERBERAUSWAHL DURCH KÜNSTLICHE INTELLIGENZ WIEDER EINSTELLEN, WEIL DIESE DIE BEWERBUNGEN VON FRAUEN BENACHTEILIGTE.

2 IN EINEM RESTAURANT VERWECHSELTE DER FÜR DAS ABRÄUMEN DER TISCHE ZUSTÄNDIGE ROBOTER EIN KINDERSPIELZEUG MIT ESSENSRESTEN.

3 BEI EINEM FUSSBALLSPIEL VERWECHSELTE DIE KÜNSTLICHE INTELLIGENZ DER ÜBERTRAGUNGSTECHNIK EINEN GLATZKÖPFIGEN SCHIEDSRICHTER MIT DEM BALL.

LÖSUNG: 1) richtig; 2) falsch; 3) richtig.

DAS PERFEKTE REZEPT PROGRAMMIEREN

ÜBRIGENS:

Vergiss nicht, dass die Ergebnisse der künstlichen Intelligenz immer von den Daten abhängen, mit denen sie zuvor gefüttert wurde.

Alle Kinder gaben die Zutaten und Anweisungen für die Zubereitung ihres Lieblingsgerichts an. Aus diesen Informationen berechnete der Roboter sein ganz eigenes neues Rezept.

Was glaubst du: Gelang dem Roboter die perfekte Mahlzeit? Und würdest du sie kosten?

Kann es eine Maschine denn überhaupt allen recht machen?

Da sich die Vorstellungen von Lieblingsessen stark unterschieden, geriet das Ergebnis zu einem riesengroßen Kuddelmuddel.

Intelligente Maschinen werden von Menschen entworfen und programmiert. Sie entscheiden, was wichtig ist, damit das System seine Aufgaben erfüllen kann. Wie bei der perfekten Mahlzeit hat jeder Mensch seine eigenen Ansichten und Ideen. Diese haben Einfluss auf die Auswahl der Daten (Zutaten) und auf die Programmierung der Maschine (Anleitung für die Zubereitung).

Intelligente Maschinen sind nicht frei von Vorurteilen. Durch die Daten und Anweisungen, mit denen sie gefüttert werden, geben sie nämlich immer auch die Ansichten von uns Menschen wieder.

WAS BEDEUTET DAS IN DER PRAXIS?

Die Denkweise der Person, die eine künstliche Intelligenz programmiert, beeinflusst deren Handlungen. Wenn du eine intelligente Maschine programmierst, ohne dein Vorgehen kritisch zu hinterfragen, läufst du Gefahr, **Vorurteile** oder bestehende Ungleichheiten in der Gesellschaft zu wiederholen, zu bewahren und zu verfestigen. Du trägst deshalb eine enorme Verantwortung!

1

Stell dir vor, es gibt eine Maschine zur Bewertung von Schönheit und die verantwortliche Person programmiert sie nach ihrem eigenen Geschmack.

2016 fand der erste Schönheitswettbewerb statt, bei dem künstliche Intelligenz die Bewertung übernahm. Das Programm versprach Fairness. Aber obwohl sehr unterschiedliche Menschen teilnahmen, waren die meisten Gewinner weiß. Dies lag daran, dass jene Fotos, die als Vorlage gedient hatten, nicht vielfältig genug waren.

Stell dir vor, es gibt eine Maschine, die Wissenschaftler bewertet. Was wäre, wenn man sie nur mit Informationen über Wissenschaftler der letzten 200 Jahre füttert?

Leider hatten Frauen lange Zeit viel weniger Chancen, sich in der Welt der Wissenschaft zu beweisen. Die wenigen, denen dies gelang, mussten ihre Arbeit nicht selten als Mann getarnt präsentieren. Benutzt man also nur Daten historischer Persönlichkeiten der Wissenschaft, würden Frauen wohl weiterhin diskriminiert, denn die Eigenschaft „weiblich" findet sich in diesen Daten nicht häufig wieder.

2

3

Stell dir vor, eine Maschine entscheidet über die Vertrauenswürdigkeit eines Menschen allein auf Grundlage des Wohnorts.

Banken beispielsweise wägen immer ab, ob sie jemandem Geld leihen oder lieber nicht. Was wäre nun, wenn der Computer einer Bank aus allen Informationen, die über eine Person vorliegen, nur die Postadresse als entscheidendes Kriterium nimmt? Dann hätten Menschen aus einem als arm eingestuften Ort eine deutlich geringere Chance, einen Bankkredit zu erhalten.

WIE STELLST DU DIR DIESE MENSCHEN VOR?

Hast du schonmal überlegt, ob du dich manchmal von Vorurteilen und Stereotypen leiten lässt?

Oftmals urteilen wir über andere auf der Grundlage von Stereotypen, ohne es zu merken: Intelligente Menschen tragen eine Brille, Basketballspieler sind groß, Großmütter sind liebevoll… Diese Vorurteile können schon bei der Programmierung von intelligenten Maschinen eine Rolle spielen. Teste dich selbst und ordne die Zuschreibungen rechts den Menschen links zu.

KÜMMERT SICH UM DAS HAUS.

MÖCHTE EINEN FRISEURSALON ERÖFFNEN.

AZUBI IN DER PFLEGE.

ÜBERNACHTET GERNE IN FÜNF-STERNE-HOTELS.

SCHLÄFT MIT SOCKEN.

BALLETT-FAN

MAG KATZEN

IST COMIC-FAN.

INTERESSIERT SICH LEIDENSCHAFTLICH FÜR ASTROLOGIE.

EINZELGÄNGER.

PULLERT IM SITZEN.

ARBEITET IN EINEM CAFE.

SURFT

IST VERSTÄNDNISVOLL.

IST SYMPATHISCH.

GEHT INS FITNESSSTUDIO.

MACHT KUNST.

VERPLEMPERT DEN GANZEN TAG IN DEN SOZIALEN MEDIEN.

STUDIERTE ARCHITEKTUR.

IST LAUT.

IST EIN MODEL.

TANZT TOLL.

IST ARM.

IST VON HIER.

GING AUF DIE UNIVERSITÄT.

IST REICH.

IST RECHTHABERISCH.

IST LUSTIG.

IST CAMPING-BEGEISTERT.

VEGETARIER.

MACHT RECHT-SCHREIB-FEHLER.

IST NICHT VON HIER.

SPRICHT RUSSISCH.

MAG HUNDE.

IST LIEBEVOLL.

MANN

PESSIMIST

ARBEITET IN EINER TISCHLEREI.

GLAUBT AN ZAUBEREI.

GEHT GERN SCHWIMMEN.

LESERATTE

VIDEOSPIEL-JUNKIE

IST SEHR KLUG.

SCHWIERIGE PERSON

SPIELT GERN MIT FREUNDEN.

KENNT DIE PLANCK-KONSTANTE.

IST REDSELIG.

FRAU

LEUGNET DEN KLIMA-WANDEL.

FÄHRT RAD.

KANN NÄHEN.

IST LANGWEILIG.

MEHR VIELFALT AUCH BEI JENEN MENSCHEN, DIE INTELLIGENTE MASCHINEN PROGRAMMIEREN.

INTELLIGENTE MASCHINEN GANZ NACH UNSEREN WÜNSCHEN

SOZIALWISSENSCHAFTEN UND ETHIK SOLLTEN AUCH IN TECHNISCHE STUDIENGÄNGEN EINE ROLLE SPIELEN.

Was können wir tun, damit Vorurteile und Ungerechtigkeiten sich nicht fortsetzen?

DIE FUNKTION INTELLIGENTER TECHNOLOGIEN SOLLTE VON MENSCHEN MIT MÖGLICHST UNTERSCHIEDLICHEM HINTERGRUND GEPRÜFT WERDEN.

DEINE KREATIVITÄT IST GEFRAGT!

Stell dir vor, du müsstest für ein Schulkonzert den Musikern ihre Noten zuteilen. Wenn du eine Maschine für diese Aufgabe programmieren müsstest, mit welchen Daten würdest du sie füttern? Und wie kannst du sicherstellen, dass sie die richtigen Entscheidungen trifft?

FREUNDE – OHNE FLEISCH UND BLUT

WAS GLAUBST DU, WARUM SICH DIE BEIDEN GESCHWISTER VOR DEM SPRACHASSISTENTEN ALEXA AUF DER KOMMODE VERSTECKEN?

WÜRDEST DU DENN EINEM SPRACHASSISTENTEN DIE GLEICHEN GEHEIMNISSE WIE DEINER MAMA ODER EINER FREUNDIN ANVERTRAUEN?

In Märchen, Zeichentrickfilmen und Filmen gab es seit jeher „lebendige“ Gegenstände, die wie Menschen sprechen konnten. Aber auch jenseits der Fantasiewelt finden sich immer mehr Dinge um uns herum, die uns zuhören, uns verstehen und mit uns sprechen.

Sprachassistenten mögen dir modern erscheinen, aber die Legende besagt, dass der Philosoph Roger Bacon bereits um 1200 einen Messingkopf baute, der alle Fragen beantworten konnte.

Was glaubst du, ist der Unterschied zwischen sprechenden Comicfiguren und intelligenten Objekten, die mit uns kommunizieren?

BALD SCHON WIRKLICHKEIT?

Sprachassistenten sind so programmiert, dass sie erkennen, was wir sagen und unsere Stimme nachahmen. Dafür müssen sie mit Daten trainiert werden, also mit Stimmen und Gesprächen. **Sie müssen uns zuhören!** Andernfalls könnten sie niemals mit uns Menschen kommunizieren.

Doch obwohl Maschinen Sprache erkennen können, bedeutet dies nicht, dass sie diese auf die gleiche Weise verstehen wie Menschen.

1773

Dem Arzt, Physiker und Ingenieur Christian Kratzenstein gelang es, mithilfe von Resonanzkörpern, die mit Orgelpfeifen verbunden waren, **Vokale zu erzeugen.**

1932

Mit dem *Voder* entstand das erste Gerät, das **Sprache imitieren** konnte. Es musste aber durch Mensch bedient werden, die über eine Tastatur und ein Pedal entschieden, welcher Laut erklingen sollte.

SPRACHERKENNUNG: EINE KURZE GESCHICHTE

Der Entwicklung der Spracherkennungstechnologie, wie wir sie heute kennen, ging Jahrhunderte langes Forschen und Experimentieren voraus.

80ER-JAHRE

Die Forschung schritt voran: IBM entwickelte *Tangora*, eine Technologie, die **20.000 Wörter erkennen** konnte.

90ER-JAHRE

Die ersten Computerprogramme für Spracherkennung kamen auf den Markt. Die Spracherkennungssoftware *Dragon* konnte **aufschreiben, was man ihr diktierte.**

1952

Das System *Audrey* wurde entworfen. Sie **erkannte Zahlen von Null bis Neun,** die ihre Schöpfer langsam vorsprachen. Die Maschine war über zwei Meter lang und verbrauchte viel Energie.

2011

Mit *Siri* tauchte eine künstliche Intelligenz in Form eines **persönlichen Sprachassistenten** im Handy auf.

WER BELAUSCHT UNS DA?

Hinter einer intelligenten Maschine steckt immer ein Unternehmen oder ein Team aus Menschen, das sie entwickelt hat. Es gibt auch andere Unternehmen, die an den Informationen interessiert sind, die von intelligenten Maschinen gesammelt werden. Sie möchten diese Daten gerne gewinnbringend nutzen.

Personenbezogene Daten sind ein kostbares Gut, das man kaufen und verkaufen kann. Mit ihrer Hilfe lassen sich Inhalte und Werbung auf Personen maßschneidern – und so die Chancen für den Verkauf der beworbenen Produkte oder die Entwicklung neuer Dienstleistungen erhöhen.

Es wird also immer schwieriger zu wissen, wer uns inzwischen so alles zuhört.

In den USA nutzen **98 Prozent der Kinder** bis 11 Jahre Alexa-ähnliche Sprachassistenten. Wenn wir uns daran gewöhnen, dass wir immer sofort eine Antwort von einem Sprachassistenten erhalten, wenn wir eine Frage stellen, dann bekommen wir vielleicht den Eindruck, dass immer alles sofort erledigt werden kann. Außerdem besteht die Gefahr, dass wir nicht mehr mit Menschen spielen, die unsere Meinung nicht teilen, wenn wir nur mit intelligenten Spielzeugen spielen, die immer mit uns übereinstimmen.

Ist dir auch aufgefallen, dass die Sprachassistenten meist weibliche Stimmen haben und immer freundlich und hilfsbereit sind? Woran liegt das deiner Meinung nach?

Stell dir vor, ein intelligentes Spielzeug wird plötzlich unfreundlich.

Würdest du deine Art zu spielen ändern, wenn ein Spielzeug alles aufzeichnen würde, was du sagst?

2015 kam eine interaktive Puppe auf den Markt, die in der Lage ist, ein Gespräch zu führen. Um ihre Gesprächskompetenz weiterzuentwickeln, zeichnet sie die Unterhaltungen auf, die sie mit den Kindern führt, die mit ihr spielen. Und sie schickt Eltern täglich einen Bericht über die Aktivitäten der Kinder. Länder wie Deutschland haben den Verkauf des Spielzeugs aufgrund von **Datenschutzbedenken** verboten.

Hast du jemals daran gedacht, dass alles, was du zu einer Maschine sagst, von jemand anderem gehört werden könnte?

Was würdest du tun, wenn eine intelligente Maschine ein sehr großes Geheimnis von dir speichern würde?

WISSEN SIE, WIE WIR UNS FÜHLEN?

So wie es Maschinen gibt, die Sprache erkennen können, so werden auch Technologien entwickelt, die menschliche Emotionen erkennen können.

Hier gibt es ein Missverständnis zwischen der Großmutter und ihrer Enkeltochter. Die Smartwatch des Mädchens signalisiert, dass es enttäuscht ist, obwohl es selbst das Gegenteil behauptet. Wem soll die Großmutter glauben - der Smartwatch oder ihrer Enkelin?

Ist es überhaupt möglich, dass eine Maschine unsere Gefühle besser erkennt als wir selbst?

Die Mimik ist eine der wichtigsten Möglichkeiten für uns Menschen, die Gefühle und Absichten anderer zu verstehen. Wir lernen schon früh, sie zu verstehen und nutzen unseren Gesichtsausdruck, um miteinander in Beziehung zu treten.

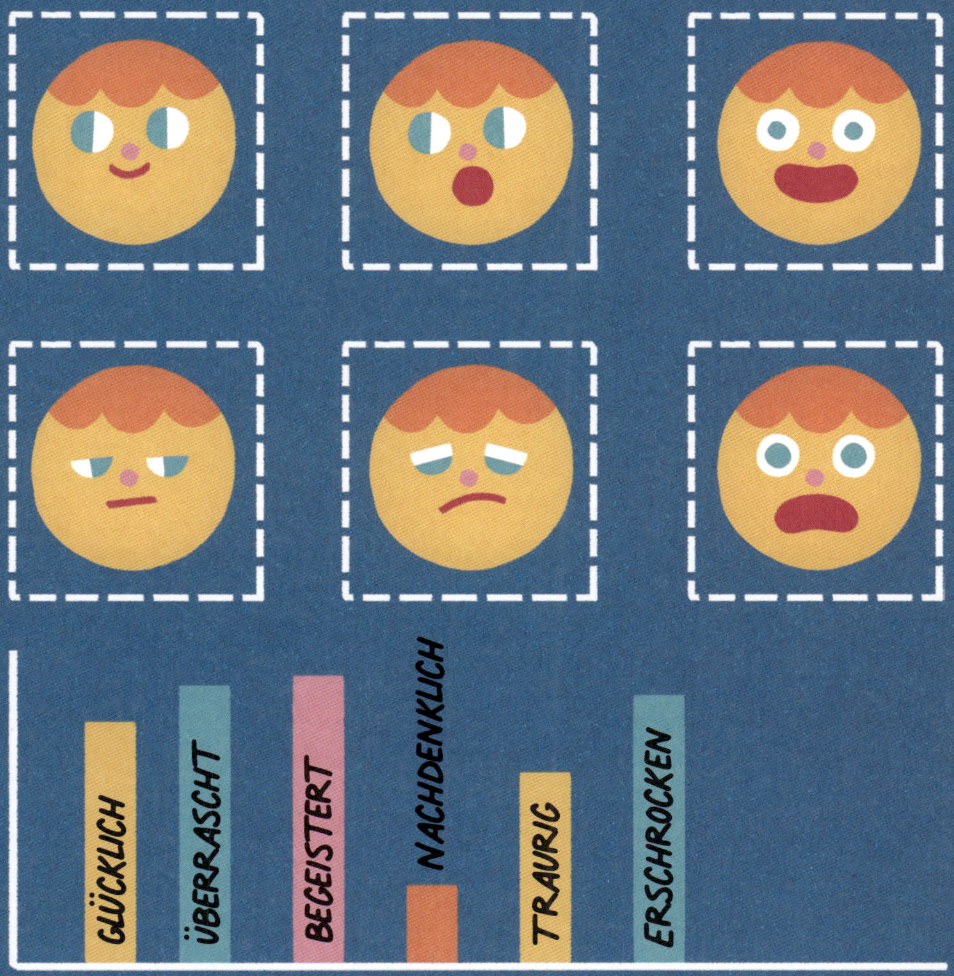

Maschinen verarbeiten zwar eine enorme Menge von Informationen und ziehen aus diesen Schlüsse. Doch sie sind nicht unfehlbar, wenn es darum geht, Gefühle zu deuten. Menschen übrigens auch nicht!

Menschliche Emotionen sind sehr komplex. Jeder empfindet und drückt sich anders aus. Es gibt viele Faktoren, die unsere Reaktionen beeinflussen. Dadurch sind sie manchmal schwer zu deuten.

Sehen wir uns also an, wie Maschinen Gefühle erkennen. In zwei einfachen Schritten:

1

Sie erkennen, dass ein Gesicht ein Gesicht ist (und kein Ball, Laib Brot oder eine Zitrone). Diese Technologie ist weit verbreitet. Du bist ihr schon begegnet: Wenn dir in einem sozialen Netzwerk vorgeschlagen wird, jemanden zu markieren, wenn du mit Fotofiltern rumspielst oder durch die Flughafenkontrolle gehst.

2

Sie analysieren zahlreiche Elemente (Gesichtsausdruck, Wärme, Gesten, Sprache usw.), um einzuschätzen, welche Gefühle eine bestimmte Person gerade empfindet.

Die Gefühlserkennung wird immer häufiger eingesetzt, um das Zusammenspiel mit den intelligenten Technologien zu verbessern, die uns umgeben. Ziel ist es, Aufgaben zu erleichtern, Unfälle zu vermeiden oder uns einfach glücklicher zu machen.

Du kommst schlecht gelaunt heim. Sobald du eintrittst, erkennt dein Haus deine Laune und programmiert den Sessel so, dass er dir eine entspannende Rückenmassage verpasst, während dein Lieblingsfilm startet.

Wie sähe eine Welt aus, in der die Technik immer danach strebt, uns glücklich zu machen?

Wofür und für wen können diese Informationen nützlich sein?

In den Vereinigten Arabischen Emiraten wurden an öffentlichen Plätzen Überwachungskameras installiert, die die Mimik der Menschen erkennen. So wird die allgemeine Stimmung in der Bevölkerung gemessen.

Wenn deine Hausaufgabe zu schwierig oder zu leicht ist, bist du schnell frustriert. Dein Computer erkennt deinen Frust. Er passt die Aufgaben an, damit du nicht mehr frustriert bist.

Im Bildungsbereich wird immer mehr Forschung betrieben, um die Emotionen der Lernenden zu verstehen.

Ist es gut, wenn die Technik uns immer hilft, Frustrationen zu vermeiden?

Eine Schule in China wurde weltweit bekannt, weil sie in ihren Klassenzimmern Kameras mit Gesichtserkennungstechnologie installiert hatte. Alle 30 Sekunden scannten die Kameras die Gesichter der Schüler und schickten die Bilder an einen Computer, der ihre Gesichtsausdrücke in sieben Emotionen (glücklich, traurig, enttäuscht, verärgert, ängstlich, überrascht und neutral) einordnete und ihren Konzentrationsgrad maß. Anhand dieser Daten erhielt jeder Schüler eine Punktzahl, die auf einem Bildschirm an der Wand des Klassenzimmers angezeigt wurde.

Wie wäre es, wenn du immer die Stimmung der Anderen kennen würdest?

Was sind die positiven und die negativen Seiten der ständigen Überwachung?

Technologie zur Gefühlserkennung kann von Nutzen sein. Sie wird beispielsweise in Autos eingesetzt, um zu erkennen, ob der Fahrer aufmerksam ist. So wird das Unfallrisiko verringert. Sie findet sich auch in technischen Hilfsmitteln für Menschen, die nicht auf die übliche Weise kommunizieren können. Diese Menschen nutzen solche Systeme, um ihre Bedürfnisse besser auszudrücken. Aber ist es denn immer wünschenswert, dass unsere Gefühle erkannt werden?

In den letzten Jahren gab es spektakuläre Fälle, in denen diese Technologien eingesetzt wurden. Das Ziel war, Emotionen vorherzusagen, auszulösen und zu beeinflussen. Dadurch konnten Unternehmen, Regierungen oder Personen mit fragwürdigen Zielen ihre Interessen durchsetzen. Dies ist einer der Gründe, warum manche Menschen sich von dieser Art von Technologie lieber fernhalten und ihre Privatsphäre schützen möchten.

Studien zeigen, dass wir unsere Kaufentscheidungen vor allem auf der Grundlage unserer Gefühle treffen. Aus diesem Grund wird die Gefühlserkennung in der Werbung zunehmend erforscht, um die Reaktionen der Menschen auf bestimmte Produkte oder die Werbung besser zu verstehen.

Aber Vorsicht, denn Gesichtserkennungssysteme funktionieren nicht bei allen Menschen gleich gut. Je nachdem, wie eine Maschine programmiert ist, können ihre Aktionen für manche Menschen sehr nützlich und für andere völlig unsinnig oder sogar gefährlich sein.

Die Informatikerin und Aktivistin **Joy Buolamwini** fand bei ihren Forschungen heraus, dass Gesichtserkennungssysteme bei dunkelhäutigen Frauen besonders schlecht funktionierten - der Algorithmus konnte sie nur erkennen, wenn sie eine weiße Maske aufsetzten!

WAS EMPFIEHLST DU MIR?

Es gibt Maschinen, die Sprache erkennen, Maschinen, die Gesichter erkennen, Maschinen, die Emotionen erkennen… Und es gibt Maschinen, die unsere Interessen erkennen und uns Filme, Musik, Freunde oder Produkte empfehlen können. Wie machen sie das nur?

Viele der Technologien, die uns umgeben, nutzen **Algorithmen der künstlichen Intelligenz,** um die Vorlieben und Geschmäcker der Menschen vorherzusagen. Zu diesem Zweck sammeln sie Informationen über unser Verhalten: Nach welchen Dingen haben wir gesucht? Was hat uns gefallen? Welche Webseiten haben wir besucht? Wem folgen wir in sozialen Netzwerken? Anhand dieser Informationen (anders gesagt: Daten) werden Personen in Profile eingeteilt, d. h. sie werden in Gruppen mit ähnlichen Merkmalen (Alter, Geschlecht, Hobbys, Vorlieben) unterteilt. Auf diese Weise können Algorithmen unsere Vorlieben und möglichen Interessen vorhersagen.

WAS IST AUF DER VORHERIGEN SEITE GENAU PASSIERT?
HIER IST DAS PROFIL DES MÄDCHENS, BEVOR ES GOOGLE AUSTRICKSTE:

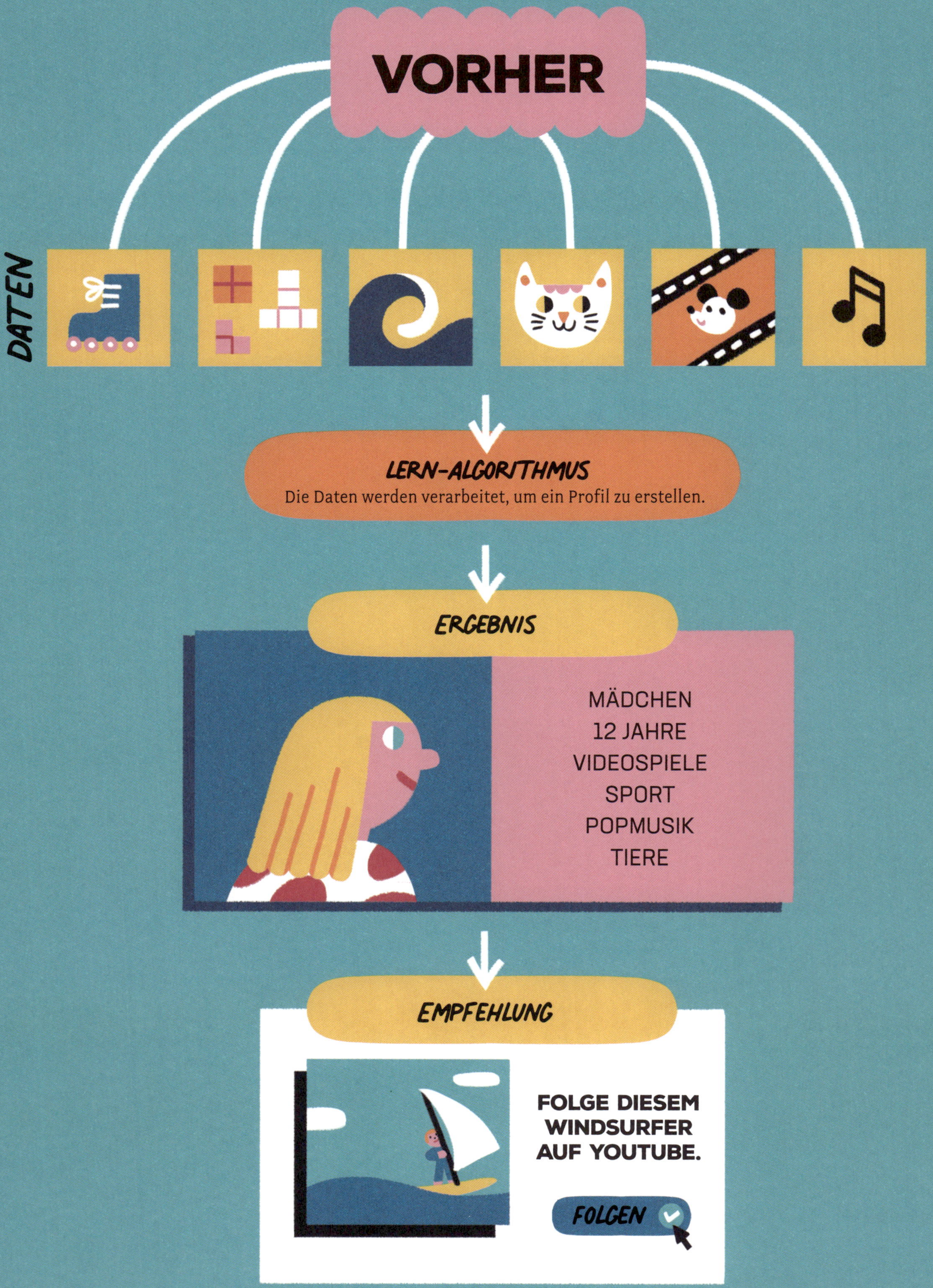

NACH DER TÄUSCHUNG VON GOOGLE HAT SICH IHR PROFIL VERÄNDERT UND SIEHT NUN SO AUS:

DIE FILTERBLASE

Es ist sehr praktisch, wenn uns einfach empfohlen wird, was uns gefallen könnte. Denn es hilft, uns in der riesigen Fülle an Informationen im Internet zurechtzufinden. Was aber, wenn die Maschinen uns nur Inhalte empfehlen, von denen sie bereits wissen, dass wir an ihnen interessiert sind? Was ist, wenn die Videos, die Werbung, die Nachrichten und die Dinge, die wir sehen, vollständig auf unseren Geschmack zugeschnitten sind?

Der Cyberaktivist **Eli Pariser** war der erste, der über die Risiken dieser ausschließlich personalisierten Informationen sprach. Um dies zu verdeutlichen, erfand er den Begriff „Filter Bubble“ (Filterblase). Denn wenn wir eine Blase betreten, grenzen wir uns von dem ab, was sich außerhalb der Blase befindet.

Wenn wir nur Meinungen hören, denen wir zustimmen, schränken wir unsere eigene Meinung ein. So fällt es uns schwerer, Neues zu lernen. Wenn wir uns zu sehr in unserer eigenen Blase bewegen, verpassen wir die Chance, uns für andere Standpunkte zu öffnen.

Vielfalt ist notwendig und bereichert uns!

SIND WIR BALD ÜBERFLÜSSIG?

Im Laufe der Geschichte haben neue Technologien unsere Arbeitsweise immer wieder verändert, neue Berufe geschaffen und andere überflüssig gemacht. Als im Jahr 1440 der Buchdruck erfunden wurde, verschwand zum Beispiel der Beruf des Schreibgehilfen, der für das Kopieren von Büchern von Hand zuständig war. Im Gegenzug entstanden aber auch neue, mit dem Druck verbundene Berufe wie der Schriftsetzer oder der Großhändler.

Wenn jedoch eine Maschine eine Aufgabe genauso gut oder besser als ein Mensch erledigen kann, haben wir Menschen Angst, durch Maschinen ersetzt zu werden. Denn welche Funktion hätten wir dann noch, wenn intelligente Technologien alle Aufgaben übernehmen würden, die heute von Menschen erledigt werden?

Im 18. Jahrhundert ersetzte die Dampfmaschine viele Arbeiten, die zuvor von Hand ausgeführt worden waren, und veränderte so die Arbeitswelt. Nicht umsonst nennt man diese Zeit die Industrielle Revolution. Die Lebensbedingungen der Arbeitnehmer verschlechterten sich durch den Einsatz von Maschinen in der Industrie: Die Arbeitszeiten wurden verlängert, die Nachfrage nach Arbeitskräften sank und die Löhne fielen. Als Reaktion darauf gründete eine Gruppe englischer Handwerker, die sogenannten Ludditen, eine Bewegung: Sie organisierten sich, um die Industriemaschinen zu zerschlagen, die ihnen ihre Arbeitsplätze wegnahmen und ihre Lebens- und Arbeitsbedingungen verschlechterten. Irgendwann, griff die Armee ein, um sie zu stoppen.

Bis zum Jahr 2030 werden intelligente Technologien voraussichtlich 30 Prozent der derzeitigen Berufe ersetzen. 375 Millionen Menschen werden ihren Beruf wechseln müssen. Aber 300 Millionen neue Arbeitsplätze entstehen auch, deren Tätigkeiten nicht automatisiert werden können.

Wenn ein Roboter eine Aufgabe erledigt, können wir dann sagen, dass er arbeitet und deshalb einen Lohn erhalten sollte?

Künstliche Intelligenz wird zunehmend bei der Jobsuche und bei Bewerbungsverfahren eingesetzt.

In Japan gibt es Hotelrezeptionen, an denen menschenähnliche Roboter die Gäste bedienen.

Es gibt Lagerhäuser, in denen Roboter die Waren hin- und herfahren. Durch den zunehmenden Einsatz von Robotern in Unternehmen diskutiert die Europäische Union sogar neue Gesetzesentwürfe.

Es wird immer mehr Geld in die Entwicklung von Hilfsrobotern investiert, die ältere Menschen oder Menschen mit Einschränkungen bei alltäglichen Aufgaben wie essen, ankleiden usw. unterstützen.

MORAL MACHINE

Diese Plattform erfasst, wie Menschen zu moralischen Entscheidungen von intelligenten Maschinen stehen. Ganz schön knifflig! Stell dir zum Beispiel vor, ein selbstfahrendes Auto verliert die Kontrolle und hat zwei Möglichkeiten: Nach rechts abbiegen und eine ältere Person mit Hund überfahren oder geradeaus fahren und ein Kind überfahren. Wie sollte es sich entscheiden? Was glaubst du?

Wie würde sich ein selbst fahrendes Auto im Falle eines Unfalls verhalten? Und wer trägt bei einem Unfall die Schuld?

Es gibt bereits selbstfahrende Fahrzeuge, die das menschliche Fahrverhalten nachahmen können.

Unsere Einstellung zur Bedeutung der Technologie in unserem Leben hat sich geändert. Um das Jahr 1800 lehnten die Ludditen industrielle Maschinen ab, heute gehören sie zum Alltag. Welche Aufgaben sind wir bereit, Maschinen anzuvertrauen, und welche nicht? Glaubst du, dass es in Zukunft die gleichen sein werden?

Erforsche es doch einfach selbst! Suche dir Menschen unterschiedlichen Alters und befrage sie. Hier sind einige Beispielfragen, aber du kannst dir natürlich auch ganz andere ausdenken. Die Antworten werden dich vielleicht überraschen!

INTERVIEW

- Wenn du krank wärst, würdest du dich von einer Maschine pflegen lassen?
- Würde es dir gefallen, wenn eine Maschine dir eine Fremdsprache beibringen würde? Wärst du ein besserer oder schlechterer Schüler?
- Angenommen du hättest kleine Kinder, würdest du sie einer Maschine anvertrauen?
- Würdest du zu einem Roboter-Zahnarzt gehen?
- Würdest du in ein Restaurant gehen, in dem Roboter kochen?
- Wäre es dir recht, wenn eine Maschine dir vorschreiben würde, mit wem du befreundest sein solltest?
- Würdest du dich in einem selbstfahrenden Bus ohne menschlichen Fahrer sicher fühlen?

ICH BIN EINE MASCHINE!

In den letzten Jahren wurde intensiv an der Entwicklung intelligenter Prothesen und Implantate geforscht, die Funktionen des menschlichen Körpers übernehmen können. Sie sollen gesundheitliche Probleme lösen oder unsere Leistungsfähigkeit verbessern. Durch diese Prothesen können beispielsweise Menschen, die einen Arm oder ein Bein verloren haben, wieder so mobil sein wie früher.

Die Idee ist nicht neu: Denk mal an Hakenhände und Holzbeine. Seit jeher nutzen wir Menschen alle Mittel, die uns zur Verfügung stehen, um unser Leben zu verbessern. Aber mit dem technologischen Fortschritt von heute können wir sogar noch einen Schritt weitergehen.

Hugh Herr, bekannt als der „Bionische Mann", verlor nach einem schrecklichen Kletterunfall beide Beine. Er erhielt intelligente Prothesen. Diese ahmen nicht nur normale Beine nach, sondern verfügen auch über Funktionen, die bei einem Menschen nicht vorhanden sind – etwa Höhenverstellbarkeit und Titanspikes. So konnte Hugh bald wieder seinem Lieblingssport nachgehen. Diese Verbesserungen machten ihn zu einem besseren Kletterer mit neuen Fähigkeiten.

Was unterscheidet den Bionischen Mann von einem Piraten mit einem Holzbein?

AB WANN BIST DU EIN CYBORG?

Ein Cyborg ist ein Lebewesen, dessen Fähigkeiten durch technische Ergänzungen verbessert oder erweitert wurden. Es gibt sehr eindeutige und extreme Cyborg-Beispiele, doch die Lage ist nicht immer so klar. Denn wenn ein Cyborg Technologie einsetzt, um seine Fähigkeiten zu steigern, ist dann jemand, der ein Mobiltelefon bei sich trägt, um sich Telefonnummern zu merken, auch ein Cyborg? Schließlich ist dies eine Möglichkeit, seine Fähigkeiten zu steigern!

RATE: WAHR ODER ERFUNDEN?

A NEIL HARBISSON

Er wurde mit Achromatopsie geboren, das heißt, er ist komplett farbenblind. Deshalb implantierte man ihm eine Antenne in den Kopf, die ihm hilft, Farben durch Vibrationen zu hören. Er ist in der Lage, mehr als 300 Farben zu unterscheiden, darunter auch Infrarot und Ultraviolett, die für das menschliche Auge nicht wahrnehmbar sind.

B ROBOCOP

Der Polizist Alex James Murphy aus Detroit, besser bekannt als *RoboCop,* ließ sich gepanzerte Körperteile und andere Technologien einbauen, um seine Kraft und Wahrnehmungsfähigkeit zu steigern und so, unter anderem, dem Gesetz besser zu dienen.

C ROB SPENCE

Er ist ein Filmemacher und Liebhaber von Dokumentarfilmen, bekannt als „Eyeborg". Er verlor als Kind ein Auge und ersetzte es durch eine Kamera, mit der er Filme dreht.

D MOON RIBAS

Dieser Tänzerin wurden seismische Sensoren in den Arm eingepflanzt, die durch Vibrationen alle Erdbeben der Welt in Echtzeit aufzeichnen. Dadurch kann sie die Bewegungen der Erde unmittelbar selbst spüren.

E MOLLY MILLIONS

Sie ist Leibwächterin und ließ sich unter anderem einziehbare Klingen in ihre Fingernägel implantieren. Diese ermöglichen es ihr, jederzeit bewaffnet zu sein. William Gibson machte sie zur Hauptfigur in einigen seiner Romane. Molly ist ein Samurai-Cyborg.

F INSPECTOR GADGET

Der auch als Truquini bekannte Polizist war berühmt für seine bionischen Implantate. Durch seine „Gadget-Ohren", Metall-Hörmuscheln, konnte er besser hören. Das „Gadgetophon" war ein in seine Hand implantiertes Telefon.

LÖSUNG: richtig: A, C, D. falsch: B, E, F.

DAS SCHIFF DES THESEUS

Theseus, der Gründer Athens, kehrte mit seiner Mannschaft in einem sehr alten und baufälligen Schiff von der Insel Kreta zurück. Während der Reise reparierte die Besatzung die Schäden am Schiff. Sie ersetzten die kaputten Teile durch andere in besserem Zustand und verbauten die alten Teile an anderen Stellen des Schiffes.

Als das Schiff im Hafen ankam, war es komplett umgebaut worden. Das warf eine Frage auf: **War dieses Schiff, mit dem Theseus zurückkehrte, noch dasselbe wie bei der Abfahrt?**

Wenn wir an einem Schiff mit dreißig Rudern ein Ruder austauschen, ist es dann immer noch dasselbe Schiff? Was ist, wenn wir fünfzehn Ruder ersetzen? Was ist, wenn wir alle Ruder und den Rumpf ersetzen? Das Schiff des Theseus ist ein Paradoxon, denn es ist sehr schwer, den Punkt zu bestimmen, ab wann ein Gegenstand durch den Austausch seiner Teile zu einem anderen Gegenstand wird. Es gibt keine richtigen oder falschen Antworten.

UND DU? WAS DENKST DU?

Es ist schwierig, den Zeitpunkt genau zu bestimmen, an dem wir begannen, uns mit der Technologie zu verschmelzen. Nach Ansicht einiger Denker von heute sind wir bereits Cyborgs. Die Biologin und Philosophin **Donna Haraway** vertritt die Ansicht, dass wir alle das Produkt einer Hybridisierung, also einer Verschmelzung zwischen Maschinen und Organismen sind. Der Unternehmer **Elon Musk** stimmt dem zu. Er glaubt aber auch, dass wir Cyborgs sind, weil eine digitale Version von uns in sozialen Netzwerken existiert. Und dass wir Superkräfte haben: Wir können jede Frage jederzeit beantworten, Videokonferenzen an jedem Ort abhalten oder sofort Nachrichten an Millionen von Menschen senden.

BIST DU BEREITS EIN CYBORG, WENN ...

...du GPS benutzt, um an einen Ort zu gelangen?

...du ein Hörgerät hast, mit dem du jede Sprache der Welt verstehst?

...du dein Handy benutzt, um dich an Dinge zu erinnern?

...eine künstliche Herzklappe hast, um deinen Herzschlag zu steuern?

...du ein Roboterbein hast?

Technologien verhelfen uns bereits heute zu mehr Möglichkeiten. Was glaubst du, macht das die Welt gerechter oder ungerechter?

INTELLIGENTE TECHNOLOGIEN IM ALLTAG

42 Prozent der Kinder zwischen fünf und sieben Jahren haben ihr eigenes Tablet. *

Drei von vier 12-Jährigen haben ein Mobiltelefon. ***

WANN SETZTEN SICH FÜR UNS HEUTE ALLTÄGLICHE TECHNOLOGIEN ERSTMALS DURCH?

In den meisten Fällen liegen zwischen der Entwicklung einer Erfindung und ihrer alltäglichen Nutzung einige Jahre der Forschung und Erprobung. Erfindungen, die uns heute noch sehr ungewöhnlich erscheinen, können morgen schon so verbreitet sein wie Fernsehen oder Handys!

FERNSEHEN

Die erste Live-Übertragung fand 1926 statt, aber erst in den 1960er-Jahren hielt das Fernsehen Einzug in die Haushalte. Damals gab es nur wenige Kanäle und das Bild war schwarz-weiß.

COMPUTER

Der Computer wurde 1947 erfunden, aber es dauerte fast 40 Jahre, bis er sich in Privathaushalten verbreitete.

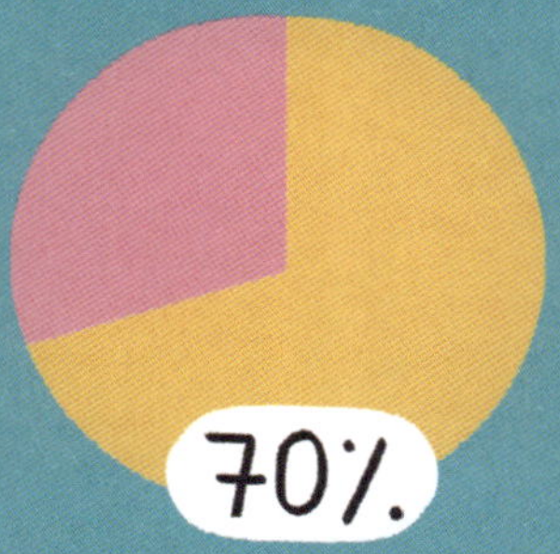

70 Prozent der jungen Menschen zwischen 12 und 15 Jahren haben ein Profil in sozialen Netzwerken. ***

VERLUST DER AUFMERKSAMKEITSSPANNE
Laut einer Studie verloren die Menschen im Jahr 2000 nach 12 Sekunden die Konzentration. 2015 war es bereits nach acht Sekunden soweit. Dieser Rückgang der Konzentrationsfähigkeit gilt als Folge unseres zunehmend digitalen Lebensstils.

* Quelle: Influence Central, USA, 2012. ** Quelle: INE, Spanien, 2015. *** Quelle: AVACU, Spanien, 2021.

INTERNET

In den 1960er-Jahren begannen die Forschungen zur Entwicklung des Internets. Erst in den frühen 2000er-Jahren entwickelte es sich zu einer Selbstverständlichkeit.

YOUTUBE

2005 wurde YouTube gegründet - die erste Medienplattform, die das Teilen von Videos erlaubt.

WHATSAPP

2009 startete WhatsApp und ermöglichte ursprünglich nur Statusmeldungen. Im Jahr 2010 wurde es zum ersten Mal für Instant Messaging, also für sofortige Nachrichtenübermittlung verwendet.

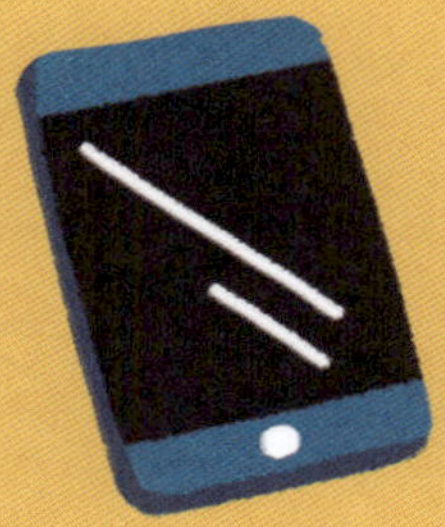

SMARTPHONE

Das erste *Smartphone* (schlaues Telefon) wurde 1992 eingeführt. In den 2010er-Jahren wurden diese Telefone schnell populär.

Es gibt Technologien, die lange brauchten, um sich zu verbreiten, andere haben wir uns schnell zu eigen gemacht.

META

2021 wurde Facebook in Meta umbenannt. Das Firmenziel ist ein Metaversum, ein Nachfolger des mobilen Internets. Hier sollen sich Menschen in virtuellen Räumen treffen und miteinander lernen, spielen, arbeiten… Es entsteht eine erweiterte Realität.

WANN BIST DU GEBOREN? UND WANN DEINE MAMA ODER DEIN OPA?

Im Laufe der Zeit haben Technologien unsere Verhaltensweisen verändert, etwa die Art, wie wir uns unterhalten, Informationen suchen oder wie wir mit anderen Menschen Kontakt halten …

LASS UNS DETEKTIV SPIELEN!

BEFRAGE DIE ERWACHSENEN IN DEINEM UMFELD,
UND FINDE HERAUS, WIE SIE IN IHRER KINDHEIT DINGE GETAN HABEN.

ZU MEINER ZEIT ...

- Wie und wo hast du nach Informationen für deine Hausaufgaben gesucht?
- Was hast du nach der Schule gemacht?
- Was hast du gespielt?
- Wie hast du deinen Lieblingsfilm oder deine Lieblingsserie geschaut?
- Was hast du während einer Zugfahrt gemacht?
- Wie hast du mit jemandem Kontakt gehalten, der in einem anderen Land lebte?
- Wie hast du dich mit Freunden verabredet?

INFORMATIONEN SUCHEN

Bei der Umfrage hast du sicher festgestellt, dass wir vor der Erfindung des Internets Informationen in Büchern nachschlagen mussten. Heute hingegen sind sie nur einen Klick entfernt. Es ist viel einfacher und schneller, Infos zu einem Thema zu erhalten. Und wir haben eine viel größere Auswahl an Daten. Doch mehr Informationen bedeuten nicht immer auch bessere Informationen. Es kann dazu führen, dass wir sie schneller und oberflächlicher betrachten. Die durchschnittliche Zeit, die wir mit dem Lesen von Informationen im Internet verbringen, beträgt 40 Sekunden. Können wir das Gelesene in weniger als einer Minute wirklich verstehen?

Informationen, die wir im Internet finden, sind nicht immer wahr. **Fake News** sind Nachrichten, die falsche Informationen enthalten, aber uns vorgaukeln, dass sie wahr seien.

Deshalb wird es immer wichtiger zu wissen, wie wir Nachrichten überprüfen können.

INTERAKTION MIT ANDEREN

Technologie ermöglicht es uns, auch mit weit entfernten Menschen sofort in Kontakt zu treten.

Dieselben Technologien erlaubten es uns, während der COVID-19-Pandemie trotz räumlicher Trennung miteinander zu reden. Allerdings wurde dies auch kritisiert, weil wir dadurch Gefahr laufen, uns von unserer Umgebung abzusondern.

FREIZEIT

Seit der Verbreitung von elektronischen Geräten hat sich unsere Freizeit verändert. In den letzten Jahren wurden mehrere Studien durchgeführt, um zu verstehen, wie Kinder und Jugendliche ihre Zeit verbringen. Diesen Studien zufolge verbringen europäische Jugendliche im Durchschnitt drei bis sechs Stunden pro Tag online, und 26 Prozent der europäischen Schüler betrachten sich als **extreme Internetnutzer,** da sie mehr als sechs Stunden pro Tag online verbringen!

VORSICHT, SUCHTGEFAHR!

Etliche Apps und Spiele für Handys und Tablets bringen den Herstellen Geld, wenn sie viele Nutzer haben und diese reichlich Zeit mit den Apps oder Spielen verbringen. Daher sind sie so aufgebaut, dass wir sie möglichst viel und lange nutzen. Die Apps und Spiele sammeln allerlei Informationen von uns und verkaufen diese. Das Geschäftsmodell wird als **Datenwirtschaft** bezeichnet.

Hast du schon einmal eine deiner Lieblings-Apps geöffnet und bist, ohne es zu merken, für lange Zeit hängen geblieben? Apps konkurrieren miteinander um unsere Aufmerksamkeit. Dazu verwenden sie Designtricks, die uns unbewusst zur längeren Nutzung verleiten.

WISSENSCHAFTLER BESTIMMEN DAS PERFEKTE ALTER, UM EINEN HUND ZU HABEN!

Dabei ist es unmöglich zu sagen, ab welchem Alter Kinder reif genug für einen Hund sind, denn viele Faktoren spielen eine Rolle …

DU MAGST KEINE KICHERERBSEN?
DANN LIES HIER WEITER!

IRREFÜHRENDE ÜBERSCHRIFTEN

Sie machen neugierig. Wir wollen sie anklicken und ihre Inhalte sehen! Und zwar am besten sofort!

BENACHRICHTIGUNGEN

Benachrichtigungen auf dem Bildschirm erregen unsere Aufmerksamkeit und veranlassen uns, die App zu öffnen.

DESIGN DER BENUTZEROBERFLÄCHE

Die Nutzung von Handys und Tablets soll so angenehm sein wie das Streicheln einer Katze: Denn umso lieber halten wir sie, beziehungsweise das Gerät, in der Hand.

GEWONNEN!

Um unser Verhalten zu beeinflussen, gibt es einen nützlichen Mechanismus. Er besteht darin, uns zu belohnen. Dies ist besonders wirksam, wenn die Belohnung überraschend kommt.

Studien haben gezeigt, dass eine Maus, die eine Taste drückt und jedes Mal eine unterschiedliche Menge an Futter erhält, stärker motiviert ist, als wenn sie immer die gleiche Futtermenge erhält.

Messaging-Dienste können uns mitteilen, ob eine Person eine Nachricht erhalten hat und auch, ob sie sie gelesen hat, ob jemand online ist oder ob uns gerade schreibt. Was passiert, wenn wir sehen, dass die Person, der wir gerade geschrieben haben, die Nachricht gesehen hat, aber nicht antwortet? Was passiert, wenn wir sehen, dass sie gerade schreibt?

NÄCHSTE FOLGE

Hast du dich schon einmal gefragt, warum bei einer Serie auf einer Streaming-Plattform die nächste Folge beginnt, ohne dass wir auf Play drücken müssen? Das ist ein bewusst eingesetzter Trick der Anbieter, denn es ist erwiesen, dass wir auf diese Weise viel länger bei einer Serie bleiben.

Manchmal sind diese Tricks kaum wahrnehmbar. Aber sie können unser Verhalten stark beeinflussen. Jetzt hast du ein paar nützliche Tipps erhalten. Findest du noch andere Tricks in den Geräten, die du nutzt?

WER VERÄNDERT HIER WEN?

Wie du gesehen hast, haben intelligente Technologien unsere Verhaltensweisen verändert - und werden dies auch weiterhin tun. Das hat auch uns selbst verändert. So haben wir zum Beispiel einen Teil unserer Konzentrationsfähigkeit eingebüßt, können aber besser von einer Information zur nächsten springen; wir schreiben weniger mit Stiften, wissen aber, wie man durch die Erstellung von Videos und Fotos kommuniziert. Mit anderen Worten: Einige Fähigkeiten werden schwächer und andere stärker.

Dies gilt jedoch nicht nur für intelligente Technologien. Der Mensch erfand schon immer Dinge, die sein Handeln und seine Lebensweise nachhaltig veränderten. Wusstest du, dass im antiken Griechenland einige Philosophen wie Sokrates gegen das Schreiben waren? Sie waren überzeugt, dass dies die menschliche Weisheit beeinträchtigen würde, weil wir uns viele Dinge nicht mehr merken könnten. Auch wenn wir vielleicht weniger Erinnerungsvermögen haben als die alten Griechen, würde heute niemand mehr an der Nützlichkeit des Schreibens zweifeln. Mit anderen Worten: Wir verändern unsere Technologien - und sie verändern uns.

ZUKUNFTSVISIONEN

Das war unsere Reise in die Welt der intelligenten Maschinen. Wir haben gesehen, wie die Maschinen funktionieren, wie sie in verschiedenen Bereichen eingesetzt werden, welche Herausforderungen und Möglichkeiten sie bieten, wie sie unsere Gewohnheiten und letztlich auch uns Menschen verändern. Diese Themen sind vielschichtig und eröffnen zahlreiche Möglichkeiten für die Zukunft. Je nachdem, wie wir sie einsetzen und gestalten, können wir eine gerechtere oder eine ungerechtere Welt schaffen. Es ist unsere Verantwortung als Nutzer, aber auch als zukünftige Designer und Schöpfer neuer Technologien, uns all dessen bewusst zu sein und unseren Teil beizutragen-sowohl bei der Art und Weise, wie wir Technologie nutzen, als auch, wie wir sie uns erdenken.

Apropos Vorstellungskraft, wir sollten nicht vergessen, dass viele Erfindungen, die für uns heute alltäglich sind, in Büchern vorhergesagt wurden. Deshalb ist es so wichtig, der Fantasie freien Lauf zu lassen und sich eine tolle Zukunft auszumalen! Bist du dabei?

GLOSSAR

Algorithmus. Eine Folge von Schritten oder Anweisungen, um ein Problem zu lösen oder eine Aufgabe auszuführen. In der Informatik werden diese Anweisungen in einer Programmiersprache geschrieben, damit der Computer die Befehle verstehen und ausführen kann.

Android. Maschine, die mit einem Mechanismus ausgestattet ist, der ihr Bewegungen ermöglicht. Sie ahmt Gestalt und Bewegungen eines Lebewesens nach, meist eines Menschen.

Daten. Fakten, Zahlen, Bilder, Töne oder jede andere Art von Information in unserer Welt. Sie zeichnen kein komplettes Bild der Realität. Die Ergebnisse der künstlichen Intelligenz hängen von den Daten ab, die ihr zur Verfügung gestellt werden.

Gedankenexperiment. Mithilfe der Vorstellungskraft wird eine Situation erschaffen, in der Handlungen und deren Folgen einfach veranschaulicht werden können. Das erleichtert, eine Sichtweise auf ein Problem zu verdeutlichen oder ein Argument besser zu erklären.

Künstliche Intelligenz. Ein Bereich der Informatik, der Technologien erforscht und entwickelt, die in der Lage sind, menschenähnliche Intelligenzleistungen auszuführen: überlegen, planen, schlussfolgern, Beziehungen erkennen oder sich bewegen.

Muster oder Modell. Vereinfachte Darstellung der Wirklichkeit mit ihren wichtigsten Merkmalen. Um Muster zu erstellen, müssen gesammelte Daten ausgewertet werden.

Privatsphäre. Der Bereich des persönlichen Lebens einer Person, der sich in einem geschützten Raum abspielt. Bei digitalen Technologien bedeutet Privatsphäre das Recht der Nutzer, ihre Daten im Internet zu schützen und zu entscheiden, welche Informationen für andere sichtbar oder nutzbar sind.

Programmierung. Die Erstellung einer Reihe von Anweisungen, die in einer bestimmten technischen Sprache verfasst sind und dem Computer mitteilen, welche Aktionen er ausführen soll.

Stereotyp. Eine feste Vorstellung von etwas oder jemandem. Es kann die Art und Weise beeinflussen, wie wir die Welt erleben und verstehen. Geschlechterstereotypen etwa tauchen überall auf: in Spielzeugkatalogen (rosa Kleidung für Mädchen und blaue Kleidung für Jungen), in Filmen und Comics (Prinzen sind schön und mutig, und Prinzessinnen sind zart und schön), in der Werbung (Frauen erledigen die Hausarbeit, Männer sind Handwerker) …

LITERATURVERZEICHNIS UND QUELLENANGABEN

**SOZIOLOGISCHE STUDIEN:
JUNGE MENSCHEN UND DIE NUTZUNG NEUER TECHNOLOGIEN**

Burns, Tracey; Gottschalk, Francesca (eds.): *Educación e infancia en el siglo XXI: el bienestar emocional en la era digital.* Fundación Santillana, 2020.

Common Sense Media: *The Common Sense Census: Media Use by Kids Age Zero to Eight.* Common Sense Media, 2017.

Hooft Graafland, Julie: "New Technologies and 21st Century Children: Recent Trends and Outcomes." *OECD Education Working Papers,* No. 179, OECD Publishing, Paris, 2018.

Livingstone, Sonia; Davidson, Julia; Bryce, Joanne; Batool, Saqba; Haughton, Ciaran; Nandi, Anulekha: *Children's Online Activities, Risks and Safety: A Literature Review by the UKCCIS Evidence Group.* LSE Consulting, London, 2017.

OECD: "A Brave New World: Technology and Education," *Trends Shaping Education Spotlights,* n.º 15, OECD Publishing, Paris, 2018.

Smahel, David; Machackova, Hana; Mascheroni, Giovanna; Dedkova, Lenka; Staksrud, Elisabeth; Ólafsson, Kjartan; Livingstone, Sonia; Hasebrink, Uwe: *EU Kids Online 2020. Survey Results from 19 Countries.* EU Kids Online, 2020.

BÜCHER UND ARTIKEL ZUM NACHDENKEN ÜBER INTELLIGENTE TECHNOLOGIEN

Cave, Stephen; Dihal, Kanta: „Träume von intelligenten Maschinen: 3.000 Jahre Roboter". *Nature,* 559, 473-475, 26. Juli 2018.

Cave, Stephen; Dihal, Kanta: "Hopes and Fears for Intelligent Machines in Fiction and reality." *Nature Machine Intelligence,* 1, 74-78, 2019.

Hannon, Charles: „Geschlecht und Status in sprachlichen Benutzerschnittstellen". *Interactions,* xxiii, 34-37, Juni 2016.

Harari, Yuval Noah: *Eine kurze Geschichte der Menschheit.* Debate, 2016.

O'Neil, Cathy: *Angriff der Algorithmen.* Wie sie Wahlen manipulieren, Berufschancen zerstören und unsere Gesundheit gefährden, Carl Hanser Verlag, 2017.

Royakkers, Lambèr; Timmer, Jelte; Kool, Linda; Van Est, Rinie: "Societal and Ethical Issues of Digitization." *Ethics and Information Technology,* 20(2), 127-142, Juni 2018.

Torresen, Jim: "A Review of Future and Ethical Perspectives of Robotics and AI." *Frontiers in Robotics and AI,* 4:75, 15. Januar 2018.

Whittlestone, Jess; Nyrup, Rune; Alexandrova, Anna; Dihal, Kanta; Cave, Stephen: *Ethical and Societal Implications of Algorithms, Data, and Artificial Intelligence: A Roadmap for Research.* Nuffield Foundation, London, 2019.

VIDEOS UND ONLINE-RESSOURCEN ZUM NACHDENKEN ÜBER INTELLIGENTE TECHNOLOGIEN

Center for Humane Technologies.
humanetech.com

Gender Shades. Mit Media Lab.
gendershades.org

O'Neil, Cathy: "The Era of Blind Faith in Big Data Must End." TED, April 2017.
ted.com/talks/cathy_o_neil_the_era_of_blind_faith_in_big_data_must_end?language=en

Pariser, Eli: "Beware Online Filter Bubbles." TED, März 2011.
ted.com/talks/eli_pariser_beware_online_filter_bubbles?language=en

ZEITUNGSARTIKEL

Del Rio, Judith: "TikTok tiene por norma no promocionar vídeos de gente fea, pobre, gorda o con discapacidad." *La Vanguardia,* 18. März 2020.
lavanguardia.com/cribeo/cultura/20200318/474244004703/tiktok-tiene-norma-promocionar-videos-gente-fea-pobre-gorda-discapacidad-redes-sociales-discriminacion.html

Jercich, Kat: "AI Bias May Worsen COVID-19 Health Disparities for People of Color." *Healthcare IT News,* 18. März 2020.
healthcareitnews.com/news/ai-bias-may-worsen-covid-19-health-disparities-people-color

Rubio, Isabel: "Amazon pescinde de una inteligencia artificial de reclutamiento por discriminar a las mujeres." *El País,* 12. Oktober 2018.
elpais.com/tecnologia/2018/10/11/actualidad/1539278884_487716.html

Rubio, Isabel: "Empleados de Amazon escuchan a diario conversaciones que mantienen los usuarios con Alexa." *El País,* 19. April 2019.
elpais.com/tecnologia/2019/04/11/actualidad/1554992401_521050.html

Rubio, Isabel: "Por qué puede ser peligroso que un algoritmo decida si contratarte o concederte un crédito." *El País,* 23. November 2018.
elpais.com/tecnologia/2018/11/19/actualidad/1542630835_054987.html?rel=mas

Tsukayama, Hayley: "When Your Kid Tries to Say 'Alexa' Before 'Mama'." *The Washington Post,* 21. November 2017.
washingtonpost.com/news/the-switch/wp/2017/11/21/when-your-kid-tries-to-say-alexa-before-mama/

Yujie, Xue: "Camera Above the Classroom." *Sixth Tone,* 26. März 2019.
sixthtone.com/news/1003759/camera-above-the-classroom